Wat proef je, Kaat?

Dirk Nielandt
tekeningen van An Candaele

Zwijsen

Kaat wil koek

Kaat heeft zin in snoep.
Maar is er wel snoep in huis?
Ze kijkt in de kast.
Wat een pech!
De kast is leeg.
'Mam, er is geen snoep meer,' roept ze.
'Dat is dan pech, Kaat.'
'Toe, mam, ik wil graag iets zoets!
Taart of koek of ijs.'

Mam komt bij Kaat staan.
'Ik weet iets,' zegt ze.
'Kom!'
'Waar gaan we heen?'
'Pak een kom!' zegt mam.
Kaat kijkt mam raar aan.
Een kom?
'Pak een kom uit de kast, Kaat.
Dan pak ik meel.'

Kaat weet wat mam van plan is.
'Wat leuk, mam!' roept Kaat blij.
Kaat doet meel in de kom.

En dan ... pats!
Een ei in het meel.
En pats, weer een ei.
'Ik roer wel, mam!'
Kaat roert tot het deeg klaar is.
'Het deeg is te droog,' zegt mam.
De kraan loopt.
Ze zet de kom bij de kraan.
'Nou is het deeg te nat!'
Ze doet er wat meel bij.

'Roer nog maar wat!'
Kaat roert en roert.
'Het deeg is klaar!' zegt ze.

Het deeg bakt een uur.
'Klaar, Kaat!' roept mam.
Het deeg is koek.
Kaat telt er wel tien.
'Proef maar, Kaat,' zegt mam.
Kaat neemt een hap uit de koek.
'En?'
'De koek is niet zoet, mam!'
Mam neemt ook een hap.
'Wat stom!' roept mam uit.
'Het deeg was niet zoet!'
Kaat kijkt sip.
Ze heeft veel trek in koek.
Mam doet haar jas aan.
'Ik koop wel koek,' zegt mam.
'Koek die zoet is!'

Kaat eet fruit

Kaat heeft trek.
Er staat een kom fruit.
Er staat ook een schaal met koek.
'Mag ik een koek, mam?' roept Kaat.
'Nog niet, Kaat,' zegt mam.
'Pak een stuk fruit.'
'En dan een koek?' vraagt Kaat.
Dat mag van mam.

Kaat kijkt naar het fruit.
Ze kiest een peer.
Ze neemt een hap uit de peer.
Maar de peer is zuur.
De peer is nog niet rijp.
Kaat legt de peer weer in de schaal.
Ze kiest nog een peer.
Ze neemt een hap.
Ook zuur.
Wat is dat vies!
Ze legt de peer in de schaal.
Er is nog een peer.
Zal ze?
Kaat bijt ook in die peer.

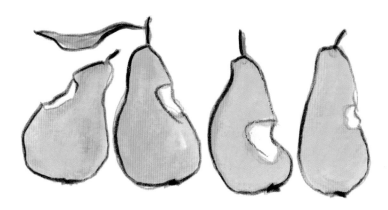

Ook zuur!
Dan maar geen peer.
Een druif dan?
Kaat pakt een druif.
Wat vies!
De druif is ook zuur.
'Ik lust dit fruit niet,' zegt ze.
'Het fruit is veel te zuur.
Mag ik nou een koek, mam?'
Het mag.

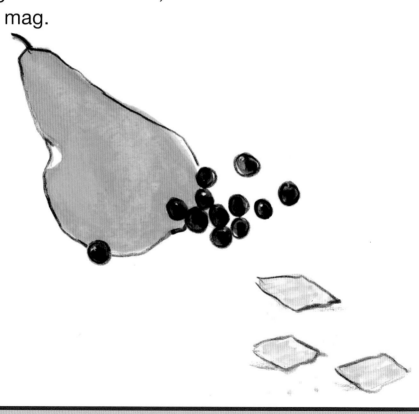

Mam kijkt naar de schaal met fruit.
'Wat is dit?' roept ze boos.
'Er is een hap uit de peer!
En uit die ook!
En uit die ook!'
Ze kijkt boos naar Kaat.
'Kijk niet boos, mam,' zegt Kaat.
'Het fruit is veel te zuur!'
Mam lacht.
'Jij bent me er ook één!' lacht ze.
'Kan ik er wat aan doen?
Het fruit is nog niet rijp!
Kijk naar de kleur van het fruit, Kaat.
Voel aan het fruit!'

Mam zoekt in de schaal.
'Kijk,' zegt ze.
Ze pakt een peer.
'Die peer ziet er goed uit.
De peer voelt zacht,
en is dus rijp!'
Ze geeft de peer aan Kaat.
Maar Kaat heeft geen trek meer.
Ze heeft al een koek op.

Proef mee

Neem een koek.
Breek de koek in vier.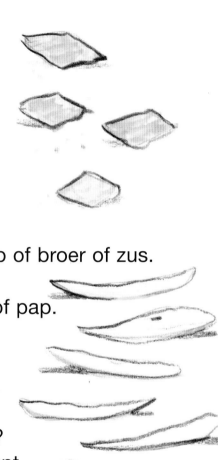
Neem een peer.
Snij de peer in acht.
Neem een stuk kaas.
Zoek nog meer.
Zoek iets dat zuur is.
Zoek iets dat zoet is.
Zoek iets dat zout is.
Roep dan mam of pap of broer of zus.
Neem een doek.
Doe die om bij mam of pap.
Zorg dat ze niks zien.
Geef ze dan een hap.
Een hap koek of peer.
Het geeft niet wat.
Weet mam wat het is?
Dan wint mam een punt.
Weet pap niet wat het is?
Dan wint pap geen punt.

Kaat wil zout op de friet

Oom Koen is bij Kaat.
'Wat kook je, mam?'
'Kip met friet,' zegt mam.
'Ja!' roept Kaat blij.
Ze is dol op kip met friet.
'Het is haast klaar, Kaat.
Geef jij oom Koen een glas wijn?'
Kaat pakt de fles wijn.
Ze loopt met de fles naar oom Koen.
'Niet te snel hoor, Kaat,' roept mam.
'Nee hoor,' zegt Kaat.
'Ik val heus niet.'

'Een glas wijn, oom?'
Dat lust oom Koen wel.
Hij pakt zijn glas.
Kaat giet wijn in het glas.
'Niet te veel hoor, Kaat!' zegt oom Koen.
Maar het is te laat.
Kaat giet het glas veel te vol.
'Kijk uit, Kaat!' roept oom Koen.
Ze giet wijn op de vloer.
En op de broek van oom Koen.
'Het spijt me, hoor,' zegt Kaat.
'Het is niks,' zegt oom Koen.
'Ik doe wat zout op de broek.
Dan was ik de broek.
En dan zie je geen wijn meer.'
'Ik haal het zout wel!' zegt Kaat.
Kaat rent naar mam.
'Waar is het zout, mam?'
Mam geeft een groot pak zout.
Kaat rent naar oom Koen.
'Kijk uit, hoor!' roept mam.
'Ik val heus niet, mam.'

Kaat doet wat zout op de broek.
'Meer zout?'
'Goed,' zegt oom Koen.
Kaat giet het pak uit.
'Let op, Kaat!'
Maar het is te laat.
Het pak zout valt.
Het zout valt op de broek.
Het ligt op de vloer.
Al het zout op de vloer!

'Het spijt me, hoor,' zegt Kaat.
Ze kijkt sip.
'Het geeft niet,' lacht oom Koen.
Hij veegt het zout op.
'Weg met het zout!' zegt hij.
Het zout gaat bij het vuil.

'De kip is klaar!' roept mam.
'De friet ook!
Maar waar is het zout?'
Het zout is bij het vuil.
'Is er geen zout meer?' roept mam.
Geen zout meer!
Er kan dus geen zout op de friet!
Dat is niet goed!

Kaat wil geen soep

'Ik lust de soep niet, mam!'
'Eet je soep nou, Kaat,' zegt mam.
Kaat neemt een slok.
'Au!' roept ze.
'De soep is te heet.'
'Zeur niet, Kaat,' zegt mam.
'Eet je soep!'
Kaat blaast op haar soep.
Ze neemt weer een slok.
'De soep is veel te zout, mam.'
Mam is boos.
'Eet je soep en zwijg!'
'Maar ik wil geen soep.
De soep is vies.'
'Weet je wat?' zegt mam.
'Het is soep van koek.
De soep is heel zoet.
Net snoep.
Proef maar!'
Kaat kijkt naar de soep.
'Soep van koek?' zegt ze.
'Dat kan toch niet!'

'Toch wel,' zegt mam.
'De soep lijkt net koek.'
Kaat lacht.
Ze neemt een hap.
En nog een hap.
'En?' vraagt mam.
'Net koek!' lacht Kaat.
Mam lacht ook.
Kaat eet haar kom leeg.

'Eet je kool op, Kaat,' zegt mam.
'Ik lust geen kool.'
Mam zucht.
'Kool is zuur,' zegt Kaat.
'Kool is niet zuur,' zegt mam.
'Kool is zoet.
Het is kool van koek.'
Kaat eet van de kool.
Ze lacht.
'Net koek,' zegt ze.
Ze eet de kool op.
Haar kom is leeg.
'Goed hoor,' zegt mam.
'Mag ik nou koek, mam?'

Mam lacht.
Ze geeft Kaat koek.
Een heel groot stuk koek.
Kaat neemt een hap.
'Dit is geen koek van soep,' zegt ze.
'Ook geen koek van kool.
Dit is koek van koek!
Koek van koek is het best.'
Mam lacht.
Kaat ook.

Help mee

Kookt mam of pap?
Help dan mee!
Vraag wat je kan doen.
Roer in de pan.
Breek een ei in de kom.
Doe zout in de pan.
Was de sla.
Pel een ui.
Snij een raap.
Maar kijk uit met een mes!
Zorg dat je je geen pijn doet.

Wil je dat mam of pap heel blij is?
Doe dan de vaat!
Leuk hoor!
Veel pret.

Serie 8 • bij kern 8 van Veilig leren lezen

Joes wil een poes
Vivian den Hollander en Juliette de Wit

Een beer op school
Truus van de Waarsenburg en Camila Fialkowski

Komt Tes op tijd?
Annemarie Bon en Tineke Meirink

De dag dat Zil kwam
Rindert Kromhout en Jan Jutte

Lam doet niet meer mee
Ben Kuipers en Ingrid Godon

Taart!
Jaap de Vries

Ik kan niks
Erik van Os & Elle van Lieshout en Mark Janssen

Wat proef je, Kaat?
Dirk Nielandt en An Candaele

NEDERLANDSE
KINDERJURY
2005

ISBN 90.276.7844.8
NUR 287

Vormgeving: Rob Galema

1e druk 2004
© 2004 Tekst: Dirk Nielandt
Illustraties: An Candaele
Uitgeverij Zwijsen B.V. Tilburg

Voor België:
Zwijsen-Infoboek, Meerhout
D/2004/1919/552